CONSIDÉRATIONS

SUR

LA CHAMBRE DES PAIRS,

OU

SUR LA CHAMBRE DES REPRÉSENTANS HÉRÉDITAIRES

Avant qu'elle soit acceptée, établie et composée;

PAR BERTRAND BARÈRE,

DÉPUTÉ A LA CHAMBRE DES COMMUNES.

A PARIS,

CHEZ
{
Louis Colas, imprimeur-libraire, rue du Petit-Lion St.-Sulpice, en face de la rue Garencière.
Delaunay, libraire, Palai.-Royal, galeries de bois.
Pélicier, libraire, première cour du Palais-Royal.
}

MAI 1815.

TABLE

DES CHAPITRES CONTENUS DANS CET
OUVRAGE.

———

AVERTISSEMENT
DE L'AUTEUR.

CET écrit serait *inconvenant* dans presque tous les États de l'Europe, qui ont des Gouvernemens absolus, ou des monarchies féodales, telle qu'est même l'Angleterre; mais, en France, cet écrit est conforme au vœu général et à la monarchie nationale telle qu'elle a été constituée depuis 1791. Il est conforme à la nature et au principe du Gouvernement constitutionnel établi, depuis cette époque, sur la triple base de la souveraineté du peuple, de l'égalité des droits et du système représentatif.

L'orgueil d'une cour peut se trouver offensé par cette attaque dirigée, en présence de l'opinion publique, contre toute noblesse nouvelle, comme contre l'ancienne noblesse; mais les récompenses d'honneur et les distinctions nationales décernées aux armées et aux diverses classes de citoyens, n'en seront que plus brillantes et plus précieuses; l'autorité du

1

prince n'en sera que mieux défendue, et le trône n'en sera que plus affermi. Ce sont les aristocraties qui ont toujours ébranlé, asservi ou dévoré les monarchies. C'est la noblesse qui a constamment flatté, trompé, perdu les monarques et opprimé les peuples.

Il est démontré, par l'histoire de tous les pays et plus particulièrement par l'histoire de France, 1°. que le pouvoir royal et la monarchie tempérée ne se sont soutenus, agrandis et maintenus, qu'en s'appuyant sur le peuple ou corps de la Nation; 2°. que la monarchie tempérée et le pouvoir royal ne se sont affaiblis, détériorés, anéantis, qu'en se confiant ou en se livrant aux ordres du clergé et de la noblesse. Montesquieu (dans *ses OEuvres posthumes, pag.* 211), observe « que » le cardinal d'Amboise trouva les intérêts du » peuple dans ceux du roi, et les intérêts du » roi dans ceux du peuple ». Aussi, selon ce publiciste, *la France n'a jamais eu de meilleur citoyen que Louis XII....*

CONSIDÉRATIONS

SUR

LA CHAMBRE DES PAIRS,

OU

SUR LA CHAMBRE DES REPRÉSENTANS HÉRÉDITAIRES

Avant qu'elle soit acceptée, établie et composée.

20 MAI 1815.

Imminentes dominos.
TACITE, Annales.

,,

IDÉE PRÉLIMINAIRE.

C'EST respecter les institutions politiques que d'empêcher qu'elles soient vicieuses ou imparfaites. Tel est le but d'après lequel j'écris les réflexions suivantes :

Montesquieu, dont l'imagination était aussi brillante que son génie était profond, représente ainsi, dans son Esprit des Lois, le *régime féodal :* « Un » chêne (1) antique s'élève; l'œil en voit de loin les » *feuillages :* il approche, il en voit la *tige*, mais il » n'en aperçoit point les *racines :* il faut percer la » terre pour les trouver ».

(*Esprit des Lois, liv.* 20, *chap.* 1.)

----

(1)   Quantùm vertice ad oras
AEthereas, tantùm radice ad Tartara tendit.
VIRGILE.

Ce sont les racines de l'arbre féodal qu'il faut apercevoir aujourd'hui, pour les empêcher de pousser un jour de nouveaux rejetons.

La France est la seule nation européenne qui se soit affranchie des servitudes personnelles, des prestations territoriales et des oppressions hiérarchiques de la féodalité.

Ce système d'invasion universelle et de domination féodale, qui avait courbé les peuples sous le joug humiliant et ruineux d'une aristocratie farouche; qui, sorti des marais et des forêts de la Germanie, avait couvert l'Europe toute entière de maîtres et d'esclaves, de seigneurs et de vassaux, présentait, en apparence, une régularité militaire, et, en réalité, une anarchie seigneuriale. Ce système nous dévorait et imposait à volonté tous les travaux et toutes les productions de la terre, ces deux véritables richesses des nations; de même qu'il était contraire à la dignité de l'homme, à la propriété base de l'état social, à la puissance publique qui en est la garantie, et à la souveraineté du peuple qui en est la source.

Jetons d'abord un coup d'œil sur l'Europe.

L'Allemagne, soumise à une classe de ducs, de grands-ducs, de princes médiatisés et de familles royales, princières ou souveraines, refiendra sans doute plus long-temps que les autres nations toutes ces inventions seigneuriales, féodales, ducales et comtales, le ban et l'arrière-ban, dont elle fit présent à l'Europe dès le cinquième siècle.

L'Espagne, malgré ses opulentes conquêtes dans les deux Indes, et les lumières qu'elle répandit dans les quinzième et seizième siècles, est hérissée de tous les attributs, de tous les pouvoirs de la vieille féodalité. Le Portugal, malgré ses connexions avec l'Angleterre, est encore plus avili sous les lois féodales et inquisitoriales, que ne le sont ses voisins les Espagnols.

L'Italie, qui la première a civilisé la barbare Europe par la religion, par les sciences, par les arts, par tous les grands souvenirs, n'a pas songé même à se débarrasser des liens féodaux qui lui rappellent ses hideux conquérans du Nord.

La Russie, malgré le génie civilisateur de *Pierre-le-Grand*, malgré les institutions philanthropiques de *Catherine II*, est encore au même état, quant à ses populations nombreuses et variées, où était la France au douzième siècle, lorsque, sous Louis-le-Gros, les communes commencèrent à se former et que les villes s'affranchirent du joug ignominieux des seigneurs féodaux.

La Pologne, si digne d'être libre par son impulsion belliqueuse, par l'élévation d'âme de ses généreux habitans, et par les nobles efforts qu'elle a faits un instant sous le philanthrope *Poniatowski*, est encore toute couverte de la rouille féodale, qui s'opposera long-temps aux progrès de son agriculture et de sa liberté.

Quant à l'Angleterre, elle semble destinée à présenter à la civilisation générale, l'étrange spectacle de tous les droits et de tous les préjugés, de toutes les libertés et de toutes les servitudes. Elle a consacré la *liberté des citoyens*; et elle a organisé l'horrible *presse des matelots*. Elle a perfectionné économiquement son *agriculture;* et elle a conservé religieusement les dîmes et toutes les oppressions de la *féodalité*. Elle a établi, par l'imprimerie libre, l'empire de l'*opinion ;* et c'est l'*ostentation nobiliaire* qui y commande. Elle a, la première en Europe, mis en action, en 1688, le principe de la *souveraineté du peuple;* et c'est une opulente *aristocratie toute féodale* qui gouverne et dirige à son gré les affaires publiques.

L'Angleterre, toute fière, toute jalouse qu'elle est de sa liberté, au point même de la poursuivre comme une rivale, en faisant une éternelle guerre aux Français, reconnaît elle-même des *ducs*, des *comtes*, des *vicomtes*, des *marquis*, des *barons* et même des *baronnets*.

Oh! combien la France a acquis de supériorité sur toutes les nations de l'Europe, dans ses institutions politiques, en les dégageant de ce bagage féodal, seigneurial et nobiliaire, que tous les autres gouvernemens européens traînent à leur suite !

Ce sont ces avantages politiques que la France ne doit plus s'exposer à perdre. Mais, pour parvenir à ce but, la France ne doit pas conserver le plus léger vestige de ces établissemens féodaux, de ces prééminences aristocratiques, de ces dénominations féodales et de ces prétentions nobiliaires, ex-

lusives, héréditaires, qui forment dans l'état des inégalités politiques si difficiles à détruire, et dans la lé-
gislation des aristocraties si dangereuses à attaquer.

En abolissant l'*ancienne noblesse* par les lois
constitutionnelles de 1791, sur la motion faite par
un *Montmorency*, dont le nom se rattachait aux
grands faits de notre histoire, les Assemblées nationales ont empêché quelques familles privilégiées
de former désormais une nation dans une nation, un état dans un état, une puissance dans
la puissance publique ; et cependant cette ancienne noblesse se rattachait à de grands souvenirs ; elle fut un instant *nationale*, quand sous
Charles-Martel, elle alla combattre l'islamisme et
extermina dans les plaines de Tours et de Poitiers,
trois cent mille Sarrazins ; quand, sous *Philippe-
Auguste*, elle se mit à la tête des troupes ras-
semblées pour repousser des milliers de *Bra-
bançons* qui avaient ravagé toutes les provinces de
France ; quand, sous *Charles VII*, elle combattit
vaillamment avec nos armées, en chassant du *territoire français*, des ennemis ambitieux et perfides.
Mais ce n'est point à la *reconnaissance publique* à s'acquitter aux *dépens de nos droits* : il
n'appartient à aucun des pouvoirs délégués de
stipuler une *inégalité politique* (telle qu'est l'institution d'une noblesse quelconque) aux *dépens
de nos libertés*. Ainsi, il ne peut exister de *noblesse nouvelle*.

Le danger public serait de rappeler, par des lois

politiques, les institutions féodales que les constitutions acceptées ont expressément abolies. Le danger pour l'avenir se trouverait dans le rétablissement des titres et des noms féodaux, surtout chez
une nation où les titres et les dénominations n'ont
que trop gouverné à la place des principes et des
droits. Ainsi, en formant une chambre des pairs
avec des *ducs*, des *comtes* et des *barons*, il semble
qu'on va créer une *nouvelle noblesse*, une nouvelle
corporation féodale ; et c'est un fléau politique
dont les esprits sages et prévoyants sentent qu'il
faut courageusement préserver la Nation.

Les savans politiques qui ont de l'avenir, et les
hommes d'État qui ont éclairé l'histoire par les
lois et les institutions, ainsi que les institutions et
les lois par l'histoire, sont convaincus que les titres,
les distinctions et les dénominations ne sont que
l'avant-garde des institutions, des changemens et
des révolutions même. Tel est le penchant de
l'homme et le secret du cœur humain : quand on
a les *mots*, on veut avoir les *choses;* quand on établit
des *titres*, on travaille à en obtenir les *propriétés;*
et quand on rappelle des *prééminences* qui ont
été organisées pendant des siècles, on s'agite jusqu'à ce que cette organisation soit de nouveau
réalisée.

Mais les lumières et les défiances sont trop ré-
pandues chez les Français depuis la dispendieuse
et terrible expérience de notre révolution de vingt-
cinq années, pour que la réflexion suivante ne soit

pas dans tous les esprits : le joug du clergé et de la noblesse féodale, les prérogatives des ducs, des comtes, des marquis et des barons établies à vie sous la seconde race Carlovingienne, et rendues héréditaires sous la troisième race Capétienne, ont pesé sur la France et dévoré le peuple pendant douze siècles. Cette usurpation seigneuriale, entreprise au commencement du huitième siècle, n'a pu disparaître qu'à la fin du dix-huitième, par la puissance de l'imprimerie, par la constance de l'opinion, par le courage éclairé des représentans des communes de France, et par l'impulsion qu'a donnée aux esprits une des plus grandes révolutions politiques. Il n'est donc pas de Français qui ne sente fortement le besoin d'éloigner à jamais toute institution, toute dénomination, toute noblesse, toute aristocratie, répondant aux habitudes, aux institutions et aux dénominations de la féodalité, si heureusement abolie.

Chez un peuple libre, il ne doit y avoir de grand, d'héréditaire et de distingué, que les pouvoirs qu'il a créés pour l'unique intérêt national; il ne doit y avoir de grand et de distingué que le trône, la dynastie régnante, la représentation nationale, les fonctionnaires publics, et les légionnaires que l'honneur a signalés, et que le prince a récompensés au nom du peuple.

On ne peut établir aucun point de comparaison entre l'ancienne monarchie et la monarchie actuelle, pour justifier l'existence d'une nouvelle noblesse. La

nature et le *principe* du gouvernement sont dif-
férens. La couronne que portait Louis XVI
était une *couronne féodale ;* elle devait avoir pour
appui le corps entier des feudataires, et pour cortége
les ducs et pairs, les comtes et pairs, les vicomtes,
les marquis, les barons et toute la hiérarchie de la
féodalité; mais la couronne donnée à Napoléon est
une *couronne nationale :* elle a pour appui le
peuple français, et pour cortége les représentans
héréditaires et électifs, les fonctionnaires publics,
les armées, qui ont été les maîtresses du monde,
et ces illustres légionnaires de tout rang, qui sont
les suzerains de l'honneur et de la bravoure, et qui
ont mis en fief l'opinion publique et la reconnaissance nationale. Voilà la seule féodalité digne d'un
peuple libre.

CHAPITRE PREMIER.

Des Siècles Féodaux.

Il est en France des institutions politiques tellement usées par le temps, ou inutilisées par l'expérience, ou condamnées par l'opinion, ou dangereuses par leurs élémens et leur organisation, qu'il est impossible de les reproduire à l'acceptation d'un peuple violemment éprouvé par plusieurs siècles de despotisme féodal, royal, nobiliaire, ministériel, parlementaire, et éclairé sur ses droits inaliénables, sur ses véritables intérêts, par une terrible période de vingt-cinq ans de révolution.

Parmi ces institutions tombées en désuétude, ou frappées par l'opinion publique, il faut compter :

1°. Le *Patriciat.*—Cette institution fut empruntée des Romains par les rois de France de la première race. Gontran, roi d'Orléans, désigna Landégide *patrice de Provence ;* Herpon fut nommé *patrice du pays Ultrajurin;* Hunote fut établi *patrice d'Aquitaine.* C'étaient des espèces de ducs et de gouverneurs (1).

Sous la première et la seconde races, les patrices tenaient un rang distingué *dans les assemblées pu-*

---

(1) *Voyez* l'Histoire de Grégoire de Tours, liv. 4, chap. 24 et 42, et Annotations, liv. 3 et 4.

bliques et la cour des rois. Sous Charlemagne et ses successeurs, la Bourgogne, l'Aquitaine et autres provinces furent gouvernées par des *patrices* qu'on appelait également *ducs*. Le patriciat était un grade très-honorable, et conduisait aux places les plus éminentes. Mais qui oserait parler aujourd'hui, en France, ni de patrices ni de patriciat, après les funestes exemples d'usurpation et d'oppression exercées sur le peuple, soit chez les Romains, soit chez les Français, par ces hardis et insolens patriciens?

2°. *La pairie.* — Dans le neuvième siècle, les *Patrices*, qui avaient des *duchés* et des *comtés* en gouvernement, au lieu de se faire appeler *ducs et patrices*, ou *comtes et patrices*, changèrent leurs noms (selon notre ancien et vulgaire langage) en *ducs et pairs*, et en *comtes et pairs*. On continua de les nommer *ducs et pairs*, et *comtes et pairs de France.* Telle est, d'après nos historiens (1), la véritable origine des *ducs et pairs* et des *comtes et pairs du royaume.* Les rois décorèrent de cette dignité ceux qui s'étaient distingués par des actions d'éclat, ou par leur attachement à la personne du prince.

Au dixième siècle, les *ducs* et les *comtes*, étant devenus héréditaires, voulurent trancher du sou-

_____

(1) Pasquier. *Recherches de France*, liv. 2, p. 32 et suiv. de l'édition de Paris, 1565.

verain; en imitant les rois, ils établirent des cours
et des officiers, et ils donnèrent à leurs grands barons le titre de *pairs*. Il y eut aussi des *évêques* et
des *abbés* qui retinrent la qualification de *duc et
pair*, de *comte et pair*.

Comme les *ducs* et *comtes* avaient droit, en qualité de *pairs*, d'assister aux assemblées du royaume,
de même ils accordèrent aux *grands barons*, qu'ils
avaient faits *pairs*, séance dans leurs assemblées et
voix délibérative en leurs jugemens. Ainsi, l'on
vit la pairie s'établir, à l'imitation des rois de France,
dans les duchés d'Aquitaine, de Bourgogne et de
Normandie, comme dans les comtés de Toulouse,
de Flandre et du Hainault.

Mais qui tenterait aujourd'hui de nous rappeler
cette pairie féodale qui traînait à sa suite tant d'in-
justices, de vexations et d'inégalités odieuses,
qui ne durent leur conservation qu'à ces temps d'a-
narchie, où il n'y avait de *roi* que le *nom*, de droits
du *peuple* que la *servitude*, et de puissance que
dans l'aristocratie seigneuriale?

3°. *La cour des pairs.* — Malgré les troubles de
l'anarchie féodale des neuvième et dixième siècles,
ceux qui avaient les grands gouvernemens conti-
nuèrent d'être regardés comme membres de la cour
et du conseil du roi, sous le titre de *ducs et pairs*
et de *comtes et pairs*.

La création des *pairs* par les gouverneurs qui
avaient entrepris sur la souveraineté, ne dura que
pendant deux siècles dans les gouvernemens enta-

chés d'usurpation. Mais les rois conservèrent toujours douze grands pairs, et érigèrent des *seigneuries* en *duchés pairies*. Philippe-Auguste voulut même relever l'éclat de la cérémonie du couronnement de son fils par l'appel qu'il fit des douze pairs de France.

Mais ce n'est pas en présence des droits de la Nation et pendant l'exercice de la souveraineté du peuple, qu'on pourrait proposer aux Français l'établissement d'une semblable *cour de pairs*, dont l'origine est purement féodale, flétrie d'usurpation, entraînant avec elle l'institution seigneuriale et territoriale des *duchés pairies*, institution proscrite par nos constitutions, par nos lois, et plus encore par l'opinion publique.

4°. *Le parlement de Paris, cour des pairs.* — C'est Philippe-le-Bel qui rendit le parlement sédentaire, à Paris, en 1304. Il nommait chaque fois ceux qui devaient le composer (1). *Les pairs y entraient de plein droit.* On y appelait aussi deux sortes de personnes : les *gentilshommes* et les *gens de lois* qui étaient choisis parmi les *clercs* et les *bourgeois*, qui s'appliquaient à l'étude de la jurisprudence. Les seigneurs, dont la plupart savaient à peine signer leurs noms, s'associèrent, pour les diriger dans les procédures et les affaires civiles, des *légistes* chargés de leur faire les rapports sur lesquels ils devaient prononcer. On les nomma

---

(1) *Voyez* Pasquier, Recherches de France.

conseillers rapporteurs; et les nobles gardèrent le
titre de *conseillers jugeurs*; mais bientôt les nobles, dégoûtés de ces travaux pénibles et des études
judiciaires, les abandonnèrent pour se livrer aux
exercices militaires, aux plaisirs de la ville et à la
domination des châteaux. Les parlemens se for-
mèrent ainsi d'hommes de loi qui eurent à leur
tour des *prétentions nobiliaires*. De là naquit la distinction entre la noblesse d'épée et celle de robe.
Là commença cet orgueil aristocratique et cet esprit de corps qui changea la fonction judiciaire des
magistrats en un pouvoir politique, d'autant plus
dangereux qu'il associait le droit réel de rendre la
justice, au droit usurpé de faire des remontrances
au nom de la Nation qui ne lui avait pas plus délé-
gué ce pouvoir, que ne l'avait fait le roi en leur
donnant des provisions.

Dès lors l'aristocratie parlementaire se qualifia
d'*états généraux au petit pied*, et essaya d'exercer
des droits nationaux, tout en laissant détruire par
Richelieu, Mazarin, Louis XIV et Louis XV, les
états généraux, cette forme encore imparfaite des assemblées de la Nation. Le parlement de Paris, qui
s'enorgueillissait d'être exclusivement *la cour des
pairs* laïques et ecclésiastiques, fut un des corps
aristocratiques du royaume, le plus difficile à limiter dans ses prétentions. Il ne défendit pas les droits
du *peuple*, mais les droits de la *robe*; il ne *provo-
qua* le rétablissement des états généraux que pour se
venger des *lettres de jussion*, et *des lettres de cachet*

lancées par les ministres. Il voulut asservir, en 1788,
les états généraux aux formes despotiques des états
de 1614; et il fallut toute la puissance de l'opinion
et le courage de la première assemblée nationale
en 1789, pour déraciner cette noblesse robines-
que, pour détruire cet esprit de corps de l'aristocratie judiciaire, et pour anéantir cette réunion
monstrueuse du pouvoir de juger, du pouvoir
d'imposer, et du pouvoir de modifier les lois et
l'administration publique.

Il n'est donc plus possible de reproduire ni les
parlemens, ni *la cour des pairs* qui y était réunie.
Il a fallu trop d'efforts et de combats pour renverser
ces corps aristocratiques, restes dangereux de l'a-
narchie féodale et des invasions judiciaires.

CHAPITRE II.

Des Époques constituantes.

Ici commence la révolution, qui a mis en lumière les droits nationaux et consacré la destruction de toutes les aristocraties, de tous les attributs, prestations, titres et dénominations de la féodalité. Il n'est donc plus possible, d'après la volonté solennellement déclarée par le peuple Français, de reproduire *ni patriciat ni patriciens, ni duchés ni ducs, ni comtés ni comtes, ni baronies ni barons, ni ducs et pairs, ni comtes et pairs, ni pairie féodale, ni cour des pairs, ni parlemens...* C'est la conséquence nécessaire de l'abolition de tout ce qui tient encore, ou qui a tenu à la féodalité, dans les temps anciens et modernes.

Première Époque.—La Nation assemblée en 1789 sous le titre *d'états généraux,* était trop éclairée pour se laisser opprimer de nouveau par les deux aristocraties sacerdotale et nobiliaire. Les députés des *communes* (c'est-à-dire, des dix-neuf vingtièmes et trois quarts de la nation), rejetèrent avec énergie ce titre *d'états-généraux,* prirent la qualité *d'assemblée nationale,* et anéantirent pour toujours la distinction et la forme de délibération des *trois ordres.*

Dès lors l'aristocratie se vit détruite; la féodalité fut menacée, et la nation en corps prit possession de ses imprescriptibles droits.

2

Quand on travaillait à faire les bases d'une constitution libre, quatre députés, qui jouissaient d'une
certaine réputation en politique et en droit public,
proposèrent l'établissement de *deux chambres*,
comme en Angleterre. Ce furent MM. de Cicé,
Clermont-Tonnerre, Lally Tollendal et Mounier qui firent cette proposition. Mais elle fut
repoussée en haine des deux aristocraties qui avaient
opposé une aveugle et fanatique résistance à toute
amélioration de gouvernement, à l'égalité de
l'impôt territorial, et à la réforme des abus de la
monarchie absolue.

L'assemblée constituante préféra les dangers éventuels d'une seule chambre pour la formation
de la loi, aux dangers réels de rétablir les ordres
du clergé et de la noblesse, et de concentrer dans
une chambre particulière la force dangereuse de ces
deux aristocraties. Alors fut repoussé heureusement le projet d'une chambre haute, composée de
nobles ou de *pairs* (1), qui auraient acquis plus de
pouvoir qu'ils n'avaient dans le parlement de Paris,
et une plus grande influence que celle qu'ils avaient
eue dans les assemblées des états-généraux.

(1) En proposant la pairie ou chambre héréditaire, je dois
dire toute ma pensée, afin que mes intentions ne soient pas calomniées ou mal saisies par les diverses *sectes* et *passions* politiques.

Je ne suis ni anglomane, ni féodal, ni nobiliaire, ni privilégiaire. Je n'ai aucun intérêt personnel dans cette institution. *Je n'ai été* ni du nombre des *anciens*, ni du nombre des

Deuxième Epoque. — *La Convention nationale,* qui était en pleine république, ne s'occupa,
dans sa constitution de 1793, qu'à détruire toutes
ces institutions héréditaires, à n'établir que des
fonctions électives, et à extirper partout jusqu'aux
dernières racines de l'arbre féodal. Mais dans sa
constitution de 1795, l'esprit public étant totale-
ment changé, la convention, dans sa décadence,

---

sénateurs, ni du nombre des hommes favorisés ou portés par
les divers gouvernemens, ni un de ces *profiteurs de révolution,*
qui espèrent en profiter encore: ainsi la pairie n'est, dans
ma pensée, qu'une assemblée de votes qui ont la même valeur
et la même force politiques. Pairs ne signifie qu'*égaux,* ce ne
sont point des *ducs et pairs,* car il n'y a plus de féodalité dans
nos titres ou fonctions de représentans. Ce sont des magistrats
institués héréditaires pour l'*intérêt* de la Nation, et non pour
le *privilège* de quelques familles. L'hérédité ne donne ni prérogatives personnelles, ni noblesse transmissible, ni exemption
d'impôts. L'hérédité porte la magistrature représentative sur
la tête de l'aîné de la famille; les autres membres de la famille
ne sont que de simples citoyens.

Dans mon système, la pairie serait conférée en partie
par la Nation, au moyen des assemblées primaires et électo-
rales qui présenteraient au pouvoir royal une liste triple de
candidats; ainsi elle serait conférée en partie par le pouvoir
royal qui choisirait sur cette liste nationale. On faisait
ainsi en Angleterre, même dans les siècles féodaux; on devrait
à plus forte raison agir ainsi dans une contrée et une constitution anti-féodales. Les citoyens notables des diverses classes de-
vraient être admissibles dans la chambre des pairs, afin d'i-
dentifier cette magistrature héréditaire avec le corps de la
nation et l'intérêt général, et empêcher que les repré-

imagina d'établir un *conseil des anciens*, qui formait le second degré de délibération publique, dont le conseil des cinq-cents occupait le premier degré. Les *anciens* étaient électifs tous les cinq ans ; ils n'avaient aucun privilége, ni prérogative particulière. On ne soupçonnait pas même le retour du plus faible préjugé féodal, ni de la plus simple ins-

---

sentans héréditaires ne soient induits à suivre des intérêts particuliers, des préjugés de caste, et à oublier les droits et les intérêts du peuple.

Toute *représentation héréditaire* étant odieuse par sa nature, dans un pays libre, il est nécessaire de lui donner un grand intérêt à conserver ses prérogatives, et à éviter par sa durée, par sa transmission et par le bien public qu'elle peut faire, ou le mal qu'elle peut empêcher, de se mettre en danger, et d'exposer la Constitution à être attaquée par les deux brèches qui peuvent introduire la tyrannie populaire et la tyrannie royale.

La pairie est donc établie comme puissance intermédiaire, comme puissance réglante, comme puissance tempérance des forces exagérées, des ambitions turbulentes et des abus excessifs. Or, l'on ne peut attendre ce genre de puissance, cette *faculté nationale d'empêcher*, que d'une corporation magistrale ou représentation héréditaire. Ainsi, loin de moi, la pensée d'inoculer à mon pays le mal d'une noblesse nouvelle.

Ce sont les *descendans* des nouveaux pairs qui seront vraiment libres, vraiment indépendans, parce qu'ils entreront à la chambre des pairs par *droit* constitutionnel, et non *par la faveur* du prince. Ce sont ces descendans qui, instruits par la discussion publique des intérêts du peuple Français et de ses lois constitutionnelles, formeront une PAIRIE NATIONALE.

titution nobiliaire. On crut organiser la sagesse des
conseils : on ne constitua que la faiblesse des déli-
bérations. Avant cinq années, la constitution confiée
aux *anciens* échappa de leurs débiles mains, et il
fallut chercher une nouvelle institution plus éner-
gique et plus salutaire; mais du moins on ne recréa,
pendant le directoire, ni nobles, ni noblesse, ni
priviléges, ni distinction.

Troisième Époque. — *Le consulat provisoire*
nomma une commission pour rédiger une constitution qui fût plus en harmonie avec ce que la nation avait voulu en 1789, et avec ce dont elle avait
besoin en 1800. Il ne sortit de ce travail constitutionnel qu'une corporation de *sénateurs* encore plus
faible que le conseil des *anciens*, quoiqu'ils fussent
établis à vie avec une dotation riche et indépendante,
et avec des attributions *conservatrices.* L'institution
sénatoriale perdit sa force et son indépendance par
plusieurs causes, par son origine et par sa nomina-
tion, par le mélange bizarre de sa composition
et de ses attributions, par son égoïsme systéma-
tique, comme par son isolement des autres auto-
rités constituées. Mais du moins cette corporation
ne fut point viciée dans sa source par la féodalité. Les
ducs, les *comtes* et les *barons* n'ont été *entés sur*
les sénateurs que lors de la formation de l'Empire,
et par des *sénatus-consultes postérieurs.*

Quatrième Époque. Ici il faut observer que les
dénominations féodales, données à tous les séna-

teurs et à quelques généraux, ne le furent que dans le système de ce qu'ils appelaient le *grand empire*, et ne furent établies que par de simples *sénatus-con- sultes*, qui ne furent jamais acceptés ni reconnus par la nation, quoiqu'une institution aussi importante que l'est celle de la noblesse, et qui constitue une aussi grande *inégalité politique*, soit de nature à être placée dans un acte constitutionnel, et à ne pouvoir s'établir qu'avec le consentement exprès du peuple, avec d'autant plus de raison que cette institution nobiliaire et féodale détruisait tout ce qui avait été décrété par toutes les constitutions précédentes.

Entendez le préambule de *l'acte additionnel* du 22 avril 1815 : « Nous avions alors pour but d'orga- » niser un *grand système fédératif européen*, que » nous avions adopté comme conforme à l'esprit » du siècle, et favorable aux progrès de la civili- » sation ; pour parvenir à le compléter et à lui » donner toute l'étendue et la stabilité dont il » était susceptible, etc. » C'est sans doute dans le but d'une grande fédération européenne, que ces duchés, ces comtés, ces baronies, ces majorats, ces dotations avaient été formés dans toutes les parties du continent. C'est dans le but d'extension de ce système fédératif, que les noms de *princes*, de *ducs* de *comtes* et de *barons* étaient pris dans les villages, bourgs, îles et rivières, soit de l'Italie, soit de l'Allemagne, soit de la Russie. Dès lors le but fé- dératif est manqué ; le nouvel essai d'une féodalité militaire ne saurait donc avoir des succès : la France

redevenue France et rentrée dans ses limites, comme
un fleuve débordé qui rentre dans son lit, ne doit
plus avoir les institutions princières, ducales, comtales et baronales, ainsi que les majorats dont le lien
fédératif n'existe plus, ne peut plus exister, et dont
la création était diamétralement contraire aux libertés et aux constitutions du peuple français.

Les titres et les noms féodaux ont encore un autre
inconvénient : c'est de ravir la gloire et le souvenir
des services éminens aux anciens noms des familles
françaises, en reportant cette gloire et ce souvenir
sur des noms étrangers, qui trompent les con-
temporains, embarrasseront l'histoire et obscurci-
ront l'avenir. Qui saura, à une époque plus reculée,
que c'est un *Bourguignon, nommé Marmont,* qui a
trahi les plus chers intérêts de la France, le 30 mars
1814, quand cette trahison sera recouverte du nom
féodal du *duc de Raguse ?* Qui pourra se douter que
la DÉFENSE DE PARIS a été refusée à la même
époque, par un *Irlandais, nommé Clarke,* dont
les annales auront déguisé la félonie, sous le titre
étranger de *duc de Feltre ?* Qui pourra recon-
naître dans le *prince d'Essling* et dans le *duc de
Rivoli,* ce nom glorieux de *Massena,* que Napoléon
désigna lui-même comme *enfant chéri de la vic-
toire,* et qui, pendant que Napoléon exécutait la
conquête de l'Égypte, triomphait à Zurich des armées russes, conduites par Souvarow ? Enfin, qui
démêlera, sous le titre du *duc d'Otrante,* le
nom de Fouché, cet homme d'état qui a rempli

pendant dix années les fonctions les plus délicates
du pouvoir ministériel, et dirigé avec tant de
sagesse cette partie de l'administration qui est
la plus influente sur la liberté civile? Eh quoi!
dans les siècles même les plus féodaux, dans
les temps les plus nobiliaires, L'Hospital, fils
d'un médecin d'Auvergne, ne changea point de
nom, quoiqu'il possédât plusieurs terres données
à son père par le connétable de Bourbon, quoiqu'il fût le plus illustre chancelier de France ;
qu'il présidât plusieurs fois les états-généraux,
et qu'il donnât à la France les plus sages lois! Main-
tenez donc les seuls *noms de famille* ; c'est ainsi que
vous exciterez l'émulation parmi les Français, que
vous créérez de nouveaux prodiges de valeur, en
laissant aux citoyens les plus ignorés le droit de
tirer honorablement leurs véritables noms de cette
obscurité, et le moyen de donner une renommée
à leurs propres familles.

L'histoire de France fournit plusieurs exemples
de ce respect pour le *nom paternel.*

Bertrand Duguesclin, qui avait vaincu le roi de
Navarre à la bataille de Cocherel, et qui avait
chassé les Anglais du Maine et de l'Anjou, sous
Charles V, ne conserva-t-il pas toujours le nom
de sa famille, satisfait qu'il était de pouvoir encore
l'illustrer?

Le chevalier Bayard, qui se distingua si fort
à la bataille de Fornoue, de Brescia, de Mari-
gnan, qui défendit la faible place de Mézières contre

une armée de quarante mille hommes d'infanterie,
et quatre mille de cavalerie, songea-t-il à mettre en
féodalité ses victoires, à donner à sa gloire des noms
nouveaux ? ou plutôt ne conserva-t-il pas au seul nom
qu'avaient porté ses ancêtres ce beau patrimoine
d'honneur, en ne recevant de Louis XII qu'une
simple devise, pour avoir soutenu seul, sur un
pont étroit, l'effort de deux cents chevaliers qui
l'attaquaient ?

Colbert, fils d'un négociant de Reims, qui porta
au plus haut degré de perfection, le système d'é-
conomie politique, et qui mit un si grand ordre
dans l'administration des finances ; qui, le premier
en France, fit fleurir les arts et les manufactures ;
qui ouvrit au commerce des routes nouvelles, et
des entrepôts nombreux ; qui invita la noblesse à
prendre part aux bienfaits et aux travaux du commerce ; qui peupla et fit fleurir nos belles colonies,
changea-t-il le nom de sa famille, et ne se contenta-
t-il point d'illustrer, sans *duché* et sans *baronie*, le
nom que son père lui avait laissé ?

Ainsi, point de noblesse, ni *ancienne* ni *nouvelle*; mais une magistrature représentative, limi-
tée dans son nombre, par l'intérêt du prince ou
par la volonté de la loi ; magistrature héréditaire ;
avec plusieurs conditions qui en éloignent les dangers pour la liberté publique et pour l'égalité des
droits.

Point de noblesse, ni *ancienne* ni *nouvelle*; mais
un ordre unique de décorations et de dotations

propres à récompenser, dans divers degrés, au nom de la nation, et sous la direction du prince ou monarque, le mérite civil et militaire; ordre non transmissible, non héréditaire : les vertus et les services sont personnels. La *légion d'honneur*, véritable institution nationale, renferme les cinq degrés de titres et de distinctions qu'établissait le système *féodal*; et cette monnaie de l'honneur n'a pas les dangers et les inconvéniens des droits seigneuriaux.

Point de noblesse *ancienne* : elle était encore toute féodale par ses noms, ses titres, ses droits, ses revenus, ses redevances, ses reconnaissances, ses prestations personnelles. Elle a fait des usurpations, soit réelles, soit personnelles, pendant une période de mille ans sur le peuple français. Elle l'a opprimé dans les états-généraux, dans les parlemens, dans les conseils du prince; elle l'a exclu des grandes magistratures, des places même d'officiers dans les armées, de certaines écoles d'instruction et de plusieurs chapitres. La noblesse était une domination arrogante, exclusive, universelle sur les terres et les personnes. Elle régnait jusques dans les temples : elle avait mis EN FIEF l'église et la religion même.

La noblesse n'a jamais défendu que ses droits, son orgueil, ses rentes, ses usurpations, ses prétentions exclusives; elle a fait la guerre aux rois de France, quand les rois de France s'appuyaient sur le peuple ou défendaient quelques-

uns de ses droits. Elle a fait la guerre au peuple
quand il a voulu secouer l'oppression, ou réclamer
un simple adoucissement à sa servitude, ou exercer quelques-uns de ses imprescriptibles droits.

La noblesse s'est placée constamment derrière les
princes faibles, pour puiser dans le trésor public, pour
s'emparer des provinces, pour exercer toutes les
magistratures, occuper toutes les places de gouverneurs, commandans des provinces et de chefs
d'armée. Elle a abandonné les princes dans le mal-
heur, ou quand ils ont cessé de la faire jouir de tous
ses priviléges exorbitans, de tous ses abus odieux,
et de ses dilapidations illimitées. La noblesse ancienne a couronné tous ces faits, toute cette conduite, *en émigrant*, en allant servir les princes
étrangers, en allant ameuter les rois de l'Europe,
et exciter leurs gouvernemens pour venir ravager la
France; cette noblesse *ancienne* tient encore aujourd'hui la même conduite (1815).

Point de *noblesse nouvelle;* elle serait pire que
la noblesse ancienne, parce qu'elle n'aurait ni les
moyens de fortune et d'opinion qui tempéraient l'esprit aristocratique, ni les grandes dotations territoriales, qui changeaient quelquefois en bienfaisance
et en protection l'orgueil du rang et la domination
féodale.

Car, enfin, la noblesse nouvelle serait réduite à
être *nominale*, et dès lors elle serait exposée à ne
pas obtenir les mêmes respects publics qui étaient
attachés autrefois à ces titres. Qu'est-ce que des

barons sans baronie, des *comtes* sans comtés, des *ducs* sans duchés? Ou bien, la nouvelle noblesse aurait des titres *dangereux* comme pierre d'attente. Quand on a les titres, on finit par usurper les droits; or, la Nation, qui a fait la plus riche des conquêtes, en détruisant tous les vestiges de la dévorante et injurieuse féodalité, ne doit plus être exposée à lutter de nouveau contre des titulaires en crédit, contre des fonctionnaires habiles dans l'art de cacher l'avenir et de perfectionner les mystères du pouvoir. La Nation ne doit plus s'exposer à combattre, d'une manière pénible et inégale, contre ces aristocraties modernes, d'autant plus dangereuses qu'elles se cacheraient sous des dehors patriotiques, et qu'elles n'auraient l'apparence que de réclamer ou d'obtenir des récompenses nationales, tout en mettant de nouveau le peuple dans les fers de la féodalité qu'il a brisés. L'histoire de tous les pays a prouvé que les anoblis ou nouveaux nobles forment une aristocratie plus oppressive et plus tyrannique que les anciens aristocrates même.

Que signifient d'ailleurs aujourd'hui dans nos mœurs politiques les titres de ducs, comtes et barons? Sous Charlemagne, les comtes tenaient les assises et rendaient la justice. Les ducs et les comtes, gouverneurs des provinces et des villes, commandaient ordinairement les troupes; leur rang répondait aux généraux de brigade ou brigadiers d'armées. Les comtes représentaient nos colonels, et les vicomtes nos lieutenans-colonels. Les barons gardaient les frontières.

Mais qu'avons-nous besoin de ducs, de comtes et de barons féodaux pour commander nos armées et pour défendre nos frontières, quand nous avons tant de maréchaux illustres, tant de généraux célèbres, tant de capitaines distingués, tant de braves chevaliers et d'aussi valeureuses armées toutes nationales ? Quel besoin avons-nous des *vieux hochets de la féodalité*, quand nous avons les brillantes récompenses de la LÉGION D'HONNEUR et les distinctions honorables que décerne, au nom de la Nation, un monarque digne des siècles héroïques ?

Ici se présente une autre considération politique, tirée de notre histoire, considération qui est sans doute moins à craindre à cause du progrès des lumières, de la liberté de la presse et des droits nationaux, mieux sentis, mieux constatés, mieux reconnus aujourd'hui que dans les siècles qui virent commencer la troisième race, dite *Capétienne*, dont les débris s'agitent encore aujourd'hui sur nos frontières, en troublant tous les états civilisés et en menaçant la France. Cette considération doit porter nos vues et faire naître nos défiances sur l'avenir, parce que l'Europe, encore toute féodale, pourrait nous *ramener* à la féodalité, quand les Français seraient endormis sur leurs intérêts ou inattentifs sur leurs droits. Cette considération est prise du danger que pourraient faire naître pour l'atténua-

tion ou l'usurpation future des droits nationaux, les titres de *ducs*, distribués avec pro-
fusion à des princes, à des généraux et des fonctionnaires éminens, à des ministres, s'il s'élevait
parmi eux quelqu'ambitieux ou quelque homme
entreprenant, appuyé par un parti aristocratique
dans l'intérieur, ou par l'intrigue de l'étranger au
dehors. L'histoire de France nous apprend par deux
grands faits que de telles craintes ne sont pas chi-
mériques; et l'homme d'état doit les prévoir pour
en dissiper jusqu'à l'ombre même. 1°. Les ducs et
les comtes, ayant usurpé leurs gouvernemens, voulurent les rendre héréditaires dans leurs familles;
ils ne mirent Hugues Capet sur le trône qu'à con-
dition qu'il leur conserverait leurs duchés et leurs
comtés, ainsi que la prérogative d'avoir des vassaux avec la qualité de comtes. Cependant Hugues
Capet, avant d'être ainsi porté sur le trône de
France, n'était, en 987, que *duc des ducs* ou *duc
des Français* (1), ce qui répondait, *sous les
Carlovingiens*, aux fonctions et au titre de *maire
du palais* sous *les Mérovingiens*. 2°. Les Bourbons,
avant de monter sur le trône aux deux époques de
St. Louis et de Henri IV, avaient été long-temps
satisfaits des titres de *comtes* et de *ducs* dans la
hiérarchie féodale; et cependant les *Bourbons* ont
regné, comme les premiers *Capétiens*, en sortant
du rang des comtes et des ducs.

(1) Capitulaires de Charlemagne, en 791.

Ce n'est donc pas une chose indifférente que d'é-
teindre, d'une manière franche et irrévocable, tous
les titres et les dénominations de la féodalité, puis-
que la féodalité est abolie par nos constitutions et
par nos lois, et que ces abolitions ne doivent pas
être des jeux d'enfans.

Le *dernier* article de l'acte additionnel aux constitutions porte expressément que *le peuple français*, dans la délégation qu'il *a faite* et qu'il fait
de ses pouvoirs, *n'a pas entendu* et n'entend
pas donner le *droit de rétablir, soit l'ancienne noblesse féodale, soit les droits féodaux et seigneuriaux....* Ainsi, dans les *constitutions précédentes*,
et dans les délégations des pouvoirs faites par le
peuple français avant l'*acte additionnel de* 1815,
nulle autorité, nul sénatus-consulte, nulle loi, nul
décret n'a pu rétablir, ni les prestations seigneuriales, ni les droits féodaux, ni les titres et les distinctions honorifiques , qui étaient aussi des droits de
la féodalité , droits et titres dénombrés et reconnus par les chambres des comptes et autres cours
destinées à recevoir les reconnaissances féodales,
les actes de foi et hommage, etc., etc.

En parvenant à l'époque imprévue où les Co-
saques de Platow, et les soldats de Wellington ra-
mènent à Paris les Bourbons *à la suite de leurs
bagages*, nous retrouvons encore une *chambre des
pairs*, mise à la place de la *corporation sénatoriale*.
Ici l'auteur de la charte n'eut pas besoin de dégui-
ser ses intentions politiques, et son retour aux prin-

cipes bienfaisans dè la gothique féodalité. Louis-Stanislas-Xavier rassembla tout ce qui restait de l'ancienne noblesse , des ducs et pairs, et y mêla adroitement quelques ducs et comtes du nouveau régime; il leur fit espérer des droits héréditaires, et confondit dans son esprit féodal les divers élémens de la pairie. Ce fut-là, peut-être, une des plus grandes fautes des Bourbons , qui dévoilèrent ainsi , par la composition de la chambre des *ducs et pairs*, et par les anciens titulaires et leurs fils qu'ils y plaçaient avec tant de prédilection , leur arrière-pensée sur le rétablissement prochain des prérogatives seigneuriales, et des prétentions orgueilleuses de la vieille noblesse dans toutes les communes de France.

Pour tous ceux qui observent l'esprit public , et surtout l'esprit des campagnes qui se composent de *vingt millions d'individus* , il n'y a plus en France d'autre fanatisme politique qui puisse s'établir au profit de la défense publique , et de l'extermination des ennemis de notre indépendance, que le *fanatisme anti-féodal,* celui qui repousse la noblesse et les anciennes prérogatives, celui qui affranchit nos terres et nos personnes, celui qui intéresse et échauffe toutes les familles et tous les soldats qui tiennent à elles, et qui reviendront cultiver, de leurs bras victorieux , les mêmes terres que leur courage aura soustraites aux sauvages fondateurs ou aux héritiers orgueilleux de la féodalité.

CHAPITRE III.

Résumé général.

UNE nouvelle ère politique a dû commencer pour la France au moment de la dernière expulsion des Bourbons qui se disaient *rois propriétaires*, seuls souverains légitimes. Aussi, à peine Napoléon a-t-il touché le sol de la France, qu'il a proclamé et reconnu, le 13 mars 1815, la souveraineté du peuple comme base de tous les droits et source de tous les pouvoirs. Il a rappelé les décrets de l'assemblée constituante qui avaient aboli l'ancienne noblesse, croyant inutile sans doute de parler de la *nouvelle noblesse* qui n'a jamais eu une existence *constitutionelle*, et qui ne pouvait appartenir qu'à un ordre de choses qui n'a jamais été voulu ni accepté, comme faisant partie d'un *système fédératif Européen ou grand Empire*, tombé pour toujours, et qui, semblable à la *monarchie universelle*, n'a pu jamais entrer à aucune époque dans la pensée, dans la volonté, et dans la politique de la nation française, ni sous le belliqueux Charlemagne, ni sous le présomptueux Louis XIV (1), ni sous le glorieux Napoléon.

---

(1) Il est utile de rappeler aux Français et de déclarer aux Nations un des aperçus les plus vrais et les plus profonds de l'immortel Montesquieu. (*Esprit des Lois*, liv. ix, chap. vii). Le voici : « Les ennemis d'un grand prince, qui a si long-

La nouvelle *chambre des pairs* établie par l'*acte additionnel* aux constitutions, ne fait mention que de la *pairie*, sans entrer dans le système féodal des *noms* de *ducs, comtes* et *barons*, qui cependant subsistent toujours. Il aurait donc fallu une exclu-

---

» temps régné, l'ont mille fois accusé, plutôt, je crois, sur leurs
» craintes, que sur leurs raisons, d'avoir formé et conduit le
» projet de la *monarchie universelle*. S'il y avait réussi, rien
» n'aurait été plus fatal à l'*Europe*, à *ses anciens sujets*,
» *à lui* et *sa famille*. Le ciel, qui connaît les vrais avantages,
» l'a mieux servi par des défaites, qu'il n'aurait fait par des
» victoires. Au lieu de le rendre *le seul roi de l'Europe*, il le
» favorisa plus en le rendant le plus puissant de tous.

» Sa Nation, qui dans les pays étrangers n'est jamais tou-
» chée que de ce qu'elle a quitté; qui, en partant de chez elle,
» regarde la gloire comme le souverain bien, et dans les pays
» éloignés comme un obstacle à son retour; qui indispose par
» ses bonnes qualités même, parce qu'elle paraît y joindre du
» mépris; qui peut supporter les blessures, les périls et les
» fatigues, et non pas la perte de ses plaisirs; qui n'aime rien
» tant que sa gaîté, et se console de la perte d'une bataille en
» chantant le général, n'aurait jamais été jusqu'au bout d'une
» entreprise, qui ne peut manquer dans un pays, sans man-
» quer dans tous les autres, ni manquer un moment sans
» manquer pour toujours ».

Ce chapitre est fait pour être médité par ceux que le hasard, le génie ou les circonstances condamnent à régner et à gouverner des Français.

Ce chapitre, écrit par un Français plein de génie et qui connaissait bien le caractère de la nation, peut également servir à rassurer les puissances étrangères.

sion expresse de ces titres pour rassurer la nation
contre toute arrière-pensée de féodalité et de noblesse. Il aurait fallu limiter le nombre des pairs ;
en fixant un *minimum* et un *maximum*. C'est ensuite au prince à se tenir entre ces extrêmes
quand il fait ses promotions, et à laisser toujours un
certain nombre de places vacantes pour donner des
récompenses, ou pour pouvoir balancer les majori-
tés. Il aurait fallu ôter franchement au système aristocratique de l'*hérédité* tous ses dangers, atténuer
l'inégalité politique qu'établit cette hérédité de
fonctions, emporter cet alliage féodal, qui, réuni
à l'hérédité, recommence une sorte de noblesse par
droit de naissance ; il aurait fallu faire disparaître
tous les priviléges, autres que la substitution de la
pairie à l'aîné de la famille, en rejetant les autres
frères dans la masse des citoyens. C'est ainsi que la
constitution aurait réuni tous les intérêts, que l'hérédité vaguement établie et féodalement entourée,
peut avoir contrariés ou blessés.

Dans un pays où la *souveraineté du peuple* est la
base de tous les pouvoirs, dans un pays dont le *gouvernement est représentatif*, et où la liberté de la
presse est organisée, il est nécessaire de se confor-
mer à l'opinion publique, et de coordonner toutes
les institutions avec les principes d'égalité politique
et de liberté légale qui sont en vigueur par les lois
constitutionnelles. Or, en se conformant à l'opinion
générale, il semble qu'on ne peut trop se hâter d'ef-
facer toutes les dénominations qui peuvent rappeler,

recommencer, ou faire craindre l'odieux et gothique régime de la féodalité.

Cette opinion sur les dangers qu'une nouvelle noblesse donnerait à la liberté publique et à l'égalité des droits, n'est dictée dans cet écrit que par un sentiment patriotique et par intérêt même en faveur de toute caste qui, en voulant se privilégier, se fait de la Nation un ennemi terrible.

Cette opinion sur l'institution de la noblesse en général, est établie par les nobles mêmes qui ont écrit en publicistes et en hommes d'état.

Le comte de Mirabeau disait, dans une assemblée publique en Provence, ces paroles, qui ont fait trace dans la mémoire des Français, quand cet orateur politique retraçait en 1789 les dangers que dans tous les pays et dans tous les temps ont couru les défenseurs de la cause du peuple : « Ainsi périt » le dernier des Gracques par le crime des séna- » teurs ; mais, en mourant, il lança de la poussière » vers le ciel, en attestant les dieux vengeurs. De » cette poussière naquit Marius, Marius moins » grand pour avoir exterminé les Cimbres, que » pour avoir détruit l'aristocratie de la noblesse » dans Rome ».

Le comte d'Entraigues écrivait en 1788, dans son Mémoire sur les états-généraux, cette phrase remarquable : « La noblesse héréditaire est le plus » grand fléau que le ciel, dans sa colère, ait pu » donner aux monarchies et aux nations ».

Lorsque, dans la séance du 19 juin 1790, l'As-

semblée Constituante, qui avait aboli la noblesse
héréditaire dans la nuit du 4 Août 1789, discuta
la proposition de l'abolition des titres de *comte*,
baron, *marquis*, faite par M. Lambert, M. *Lepel-
letier Saint-Fargeau* demanda que chaque citoyen
ne pût porter que le nom de sa famille, et non
celui d'une terre. M. *de Noailles* voulait anéantir
tous ces titres, qu'il appelait *les enfans frivoles de
l'orgueil et de la vanité*, et il s'écriait : On ne dit
pas le marquis *Franklin*, le comte *Wasington* et
le baron *Fox*. On dit simplement Fox, Wasington,
Franklin ; et ces noms ne sont jamais prononcés
sans admiration. M. *de Montmorency* dit que l'égalité
des droits établie par la constitution efface nécessai-
rement toute institution de noblesse ; il déclare qu'il
s'associera toujous à ces grands et éternels principes. Il demande que dans cette époque de l'anéan-
tissement général des distinctions anti-sociales, qui,
quelque vaines et puériles qu'elles puissent être,
contrarient les principes constitutionnels, l'Assemblée n'épargne pas une des marques qui rappellent
le plus le *système féodal et l'esprit chevaleresque*,
que les armes et les armoiries soient abolies.
M. de la Fayette ajouta, qu'en abolissant la noblesse et les armoiries, il ne s'agissait pas d'un
article constitutionnel, mais seulement d'un décret
réglementaire, suite de la constitution. M. Freteau
dit qu'il regarde le décret proposé comme tellement essentiel à la révolution, que la principale
disposition, *la suppression de la noblesse hérédi-*

taire est en toutes lettres dans le procès-verbal de la nuit du 4 Août 1789. M. Charles de Lameth s'écriait : « Les titres qu'on propose de détruire blessent l'égalité , qui forme la base de notre constitution. Ils dérivent du régime féodal que vous avez anéanti. Ils ne sauraient donc subsister sans une absude inconséquence. Il doit être défendu à tous les citoyens de prendre dans leurs actes les titres de *duc*, *comte*, *marquis*. J'appuye aussi la proposition d'abolir la noblesse héréditaire qui choque la raison et blesse la véritable liberté. Il n'est point d'égalité politique , il n'est point d'émulation pour la vertu, là où les autres citoyens ont une autre dignité que celle qui est attachée aux fonctions qui leur sont confiées, une autre gloire que celle qu'ils doivent à leurs actions ».

Que peut-on dire de plus quand on voit les familles nobles les plus distinguées dans la vieille France, attaquer ainsi elles-mêmes les priviléges et l'institution de la noblesse ?

Ne sont-ce pas, d'ailleurs, deux assez grandes concessions obtenues d'un peuple libre et souverain, que celles d'avoir établi *l'hérédité du trône et l'hérédité d'une partie de la représentation*, pour ne pas exiger encore de ce peuple le rétablissement d'un régime abhorré, soit sous le rapport de la féodalité nobiliaire, soit sous le rapport de l'inégalité sociale?

Tout a ses limites dans la politique comme dans la nature ; et après avoir consacré deux grandes hérédités (malgré les principes sévères de la liberté publique), il faut savoir s'arrêter là où peuvent commencer de nouveau la servitude des terres et la servitude des personnes. Deux exceptions nécessaires au principe général suffisent. La troisième, bien inutile, deviendrait un fléau public.

N'est-ce donc rien que d'avoir imposé une dynastie impériale aux générations présentes et futures, soit pour éloigner les fermentations et les guerres civiles, soit pour se mettre en harmonie avec les autres nations européennes? N'est-ce donc rien que d'avoir imposé à une nation fatiguée de priviléges héréditaires, une hérédité nouvelle dans ce qu'il y a au monde de plus libre, la confiance du peuple et la délégation de la puissance législative? Faut-il encore enchaîner le présent par des inégalités politiques, et hypothéquer l'avenir au hasard de la naissance, et au stérile orgueil d'une noblesse ressuscitée?

Ainsi, qu'on ne confonde point l'idée d'une *pairie* avec l'idée d'une *noblesse* (1). La pairie seule, iso-

---

(1) On lit en tête *de la Constitution française de* 1791, qui fut unanimement acceptée par le peuple français *réuni en assemblées primaires*, ces mots expressifs de la volonté générale et constitutifs d'une monarchie libre :

« Il n'y a plus ni *noblesse*, *ni pairie*, ni *distinctions héré-*
» *ditaires*, ni *distinction d'ordres*, ni *régime féodal*, ni jus-
» tice patrimoniale, ni *aucun des titres*, *dénominations et*
» *prérogatives qui en dérivaient*, aucun ordre de chevalerie,

lée, n'énonce que l'*assimiliation des votes*) des représentans héréditaires). La pairie seule n'exprime que l'*égalité des membres* de cette chambre, de quelque classe de la société qu'ils soient appelés. Mais si l'on joint à ce titre de *pairs* celui de *ducs* ou de *comtes*, dès lors tous les faits historiques se réveillent, l'institution féodale reparaît, et le peuple n'a plus la conscience de sa liberté, ni la jouissance de son égalité de droits.

La constitution, mieux rédigée, aurait pu, sans doute, tranquilliser tous les esprits, en énonçant,

---

» ni aucune des *corporations* ou *décorations* pour lesquelles
» on exigeait des *preuves de noblesse*, ou qui supposaient
» des *distinctions de naissance*, ni *aucune autre supériorité*
» *que celle des fonctionnaires publics, dans l'exercice de*
» *leurs fonctions* ».

On lit en tête de la *Constitution consulaire du 24 frimaire an 8*, ces mots adressés par les consuls aux Français : « La » Constitution est fondée sur les vrais principes du Gouverne- » nement représentatif, sur les droits sacrés de la propriété, de » l'*égalité*, de la liberté. Citoyens, la *révolution est fixée aux* » *principes qui l'ont commencée*. On voit ensuite que l'art. 4 » du titre premier de cette Constitution, porte que *le droit* » *de citoyen français se perd par l'affiliation à toute corpo-* » *ration étrangère qui supposerait des distinctions de nais-* » *sance* ».

Il était donc impossible et inconstitutionnel de rétablir la noblesse sous aucune forme nouvelle, et sous aucun prétexte quelconque. Ces noms et les titres féodaux étaient déclarés caducs et incompatibles avec la souveraineté du peuple, et avec les droits de l'égalité politique et civile.

comme dans la constitution de la Grande-Bretagne, que l'Empereur, la chambre des pairs ou représentans héréditaires, et la chambre des députés ou représentans électifs, forment le *grand représentant de la Nation*. Dès lors le titre de pairs n'aurait présenté aux esprits les plus ombrageux que l'idée rassurante de représentans héréditaires, et non l'idée caduque et abhorrée de *magnats*, de *patriciens*, de *ducs et pairs*, de *comtes et pairs*, de *nobles* et de *seigneurs* féodaux.

Mais les trois corporations ou *pouvoirs* qui forment *la puissance législative*, occupées du perfectionnement progressif des institutions nationales et des lois constitutionnelles, peuvent nous garantir par leur sagesse et leur prévoyance du retour de toutes les craintes, et de tous les maux que la noblesse, l'aristocratie et l'hérédité ont produits chez nos ancêtres.

FRANÇAIS, vous acheverez votre ouvrage : aujourd'hui le temps presse, les ennemis sont à vos portes ; les esclaves intriguent, et la liberté ne vient jamais visiter un peuple qu'une seule fois. Il faut la défendre.

Dans les Champs-de-Mai d'autrefois, il n'y avait qu'un roi *suzerain* ou un empereur *féodal*, des prêtres et des moines, des nobles et des vassaux, des esclaves armés pour maintenir leurs maitres, ou plutôt un ban et un arrière-ban. Dans les Champs-de-Mai d'aujourd'hui, il y a un héros ou un prince élu et réélu par le peuple souverain ; des fonction-

naires publics élus et salariés par la Nation ; des
propriétaires éclairés et industrieux, des guerriers
citoyens qui défendent le territoire et la liberté, des
hommes libres armés pour la défense de la patrie,
et une grande nation qui veut être indépendante
au dehors et libre au dedans.

Ce n'est pas en vain que vous aurez fondé tous
les droits et renversé tous les préjugés. Vous pour-
suivrez donc franchement et noblement votre car-
rière politique et militaire. Vous avez détruit la
féodalité, n'en laissez pas exister une seule trace :
vous avez abattu la noblesse, ne permettez pas
qu'elle se relève même nominalement : vous voulez
une pairie, n'en faites pas un patriciat : vous insti-
tuez une chambre des pairs, ne la transformez pas
en sénat ou en esclaves impériaux : vous établissez
une portion de représentation héréditaire, ôtez à l'hérédité les dangers de son institution et les inconvéniens de sa durée : vous lui ôterez un jour son *nombre illimité.* La mer, la terre, la vie, la pensée
humaine, n'ont-elles pas leurs bornes ; et une simple institution royale et représentative voudrait
exister sans limites ! supprimez principalement les
titres et les dénominations qui rappellent une domination absurde, et la honteuse servitude de nos
pères. Les vents transportent dans les déserts de l'É-
gypte, la poussière qui fut *Memphis ;* le *Forum*
ne présente au voyageur étonné que des débris de
temples, de colonnes et de statues antiques, silen-
cieux témoins de la grandeur romaine qui n'est plus

et le gouvernement nobiliaire le plus tyrannique, créé par des barbares et des Visigoths, survivrait aux révolutions législatives du dix-huitième siècle, et triompherait des lumières et de l'expérience du dix-neuvième! Loin de nous une telle pensée; rendez donc aux noms des familles françaises l'illustration nouvelle qu'elles ont acquise. Ne souffrez pas qu'on déguise la gloire moderne sous des titres féodaux, qu'on adultère nos annales par des noms étrangers, et qu'on trompe l'avenir par les illusions de l'orgueil et par les corruptions de la politique.

FIN.

IMPRIMERIE DE FAIN, RUE DE RACINE, PLACE DE L'ODÉON.